How to
Keep Your Cool
An Ancient Guide to Anger Management

如何保持冷静
关于愤怒管理的古老智慧

Seneca

[古罗马] 塞涅卡 著

英文版由詹姆斯·罗姆（James Romm）选编、翻译并作序
王亚鸽 译

古罗马斯多葛学派思想家塞涅卡（Seneca）在他的《论愤怒》中指出，愤怒是最具破坏性的激情，没有哪种瘟疫比愤怒更让人类付出高昂的代价。这一点在他自己的生活中得到了证明，他在一个暴怒的皇帝卡利古拉的统治下几乎丧命，在另一个皇帝尼禄的统治下被迫自杀。这本精彩的新译本收录了《论愤怒》的精华部分，并附有发人深省的引言，为读者提供了避免和控制愤怒的永恒指南。它生动地说明了为什么这种情绪如此危险，为什么控制它会给个人和社会带来巨大的好处。

塞涅卡对愤怒的看法，从来没有像今天这样具有如此重要的意义。无论是寻求个人成长还是政治革新，读者都会在塞涅卡的书中找到一剂宝贵的解毒剂，来治疗愤怒时代的弊病。

Copyright© 2019 by Princeton University Press. All rights reserved. No part of this book may be reproduced or transmitted in any form or by any means, electronic or mechanical, including photocopying, recording or by any information storage and retrieval system, without permission in writing from the Publisher.

This translation published under license. Authorized translation from the English language edition, entitled How to Keep Your Cool: An Ancient Guide to Anger Management, ISBN 9780691181950, by Seneca, Published by Princeton University Press.

北京市版权局著作权合同登记　图字：01-2019-4718号。

图书在版编目（CIP）数据

如何保持冷静：关于愤怒管理的古老智慧／（古罗马）塞涅卡（Seneca）著；王亚鸽译．—北京：机械工业出版社，2020.5

书名原名：How to Keep Your Cool: An Ancient Guide to Anger Management

ISBN 978-7-111-65279-3

Ⅰ.①如…　Ⅱ.①塞…②王…　Ⅲ.①塞涅卡（Seneca, Lucius Annaeus 前4-65年）-愤怒-自我控制-研究　Ⅳ.①B502.43②B842.6

中国版本图书馆 CIP 数据核字（2020）第062647号

机械工业出版社（北京市百万庄大街22号　邮政编码100037）
策划编辑：李新妞　貌晓星　责任编辑：李新妞　貌晓星　坚喜斌
责任校对：黄兴伟　　　　　　责任印制：孙　炜
保定市中画美凯印刷有限公司印刷
2020年5月第1版·第1次印刷
145mm×210mm·3.875印张·1插页·34千字
标准书号：ISBN 978-7-111-65279-3
定价：59.00元

电话服务　　　　　　　　　网络服务
客服电话：010-88361066　　机　工　官　网：www.cmpbook.com
　　　　　010-88379833　　机　工　官　博：weibo.com/cmp1952
　　　　　010-68326294　　金　书　网：www.golden-book.com
封底无防伪标均为盗版　　　　机工教育服务网：www.cmpedu.com

序言 Preface

"愤怒是一种疯狂,因为你为不值得的东西付出了昂贵的代价。"塞涅卡在公元一世纪中叶写下这些话。当时的罗马元首制——由奥古斯都·恺撒（Augustus Caesar）[一]所创立的独裁制度——已发展到第四代。塞涅卡表面上是在对他的哥哥诺瓦图斯（Novatus）讲话，但实际上意在面向所有罗马读者。直到这个比以往许多时代斗争更频繁的今天，他的文字仍在有力地发声，警醒着由愤怒而引发的种种精神狂乱。

[一] 即屋大维，古罗马帝国的第一位元首。——译者注

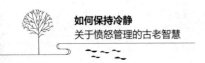

塞涅卡将愤怒定义为"错误判断",为了理解他的意思,你可以试试下面的练习。回想一下上次让你暴怒的一件小事。也许是一个鲁莽的司机突然蹿出来迫使你猛踩刹车,也许是某人在你前面插队,或者从你眼皮底下抢走停车位,或劫走一辆出租车。你觉得被侵犯了——是吗? 是不是在那件事发生一两天前,你的心情就已经变糟糕了? 有人对你失礼这件事,真的有那么严重? 和全球气候变暖一样严重? 和核战争的威胁一样严重? 或者比宇宙正在塌陷、坠入银河系别处的黑洞、周围的一切将被吞噬这一事实还要严重?

将日常小事与至大无穷并置,是塞涅卡偏爱的一种策略,尤其是在本书所选自的《论愤怒》(拉丁语叫"*De Ira*")中。通过改变我们的观点,拓展我们的精神领域,塞

序言

涅卡挑战着我们对"何为愤怒之事"的认知——如果真有那样的事。骄傲、尊严、自我——这些我们在感觉受伤时的愤怒源泉——如果把距离拉远,在画面之外看我们的生活,它们就会统统消失。塞涅卡奉为典范的智者苏格拉底——古希腊最受崇敬的圣人,加图——塞涅卡之前那个世纪的罗马元老院的元老——在这本书里可以看到,他们都曾遭人吐口水,遭人找茬,遭人凌辱,但从未表达过愤怒,甚至似乎没有感觉到愤怒。

开车时有人从你的右边插过来,也许并不重要,塞涅卡相信,重要的是你的反应。那种瞬间的暴怒,那种想拼命按喇叭、想去揍甚至杀了那个司机的冲动,正是对你头脑中理性意志的严重威胁,会影响你做出正确选择和道德行为的能力。愤

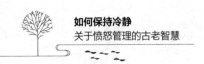

怒的发作,比起其他情感对道德状况的危害更大,在塞涅卡看来,愤怒是一种最强烈、最具破坏力、最不可抗拒的激情。它就像跳崖:一旦放任狂怒,绝无希望制止。我们的精神健康要求我们放过愤怒,否则愤怒永远不会放过我们。

塞涅卡对愤怒的风险有切身体会。在他开始写《论愤怒》这篇长文时,他曾在古罗马元老院元老的职位上,近距离目睹了卡利古拉㊀为期四年的血腥统治。我们或许该用别的词来描述卡利古拉的毛病——比如偏执狂,或者施虐狂——但是塞涅卡将这位皇帝的残忍统统放在一个标题之下:愤怒

㊀ 全名盖乌斯·尤里乌斯·恺撒·奥古斯都·日耳曼尼库斯(Gaius Julius Caesar Augustus Germanicus),公元 37 年 3 月 18 日至公元 41 年 1 月 24 日在位,卡利古拉是他的外号。——译者注

序言

（ira）。卡利古拉的阴影笼罩着《论愤怒》。塞涅卡经常直呼其名，但是当他把愤怒和酷刑、和火与剑、和市民间的冲突联系在一起时，也会用"他"来进行暗示。在卡利古拉噩梦般的统治期间，塞涅卡似乎懂得了肆意发怒的高昂代价，那不仅仅是针对个人，而且还会殃及整个罗马。

一位哲学家兼道德评论家在元老院占一席之地，这在古罗马并不常见，但塞涅卡是与众不同的。他自幼跟随斯多葛学派㊀老师学习，这一哲学体系来自古希腊，主张精神上的自我控制以及对神圣理性指令的忠诚。他选择追随斯多葛学派的道路，而非任何传

㊀ 与柏拉图的学园派、亚里士多德的逍遥学派和伊壁鸠鲁学派并称为古希腊的四大哲学学派，创始人为芝诺（Zeno），因在雅典集会广场的画廊（古希腊文 Stoa）聚众讲学而得名，其英文名 Stoic 即源于此。——译者注

统的老路；作为一个成熟的作家，他吸收了很多哲学传统，以雄辩的修辞避开了那些伦理说教。《论愤怒》就是一个典型：作为整个论著体系的一部分，其前半部分在很大程度上明显植根于斯多葛学派的信念之中。本书大部分内容摘自其后半部分，塞涅卡以更讲究实效的方式处理愤怒，以最熟悉的方式提醒我们勿操之过急，或是勿使目标过高以致可能无法做到。

根据塞涅卡在写作中的自我呈现可以判断，他是一个善于反思和内省的人。在后面翻译的段落中（3.36），他描述了自己每天晚上如禅修般省思自己的德行——在宁静的卧室里冥想。然而我们知道，塞涅卡也喜欢亲近权力并热情地参与了罗马元老院的政治游戏，这有时带给他的是灾难性后果。三十多岁时，他进了元老院，因新颖且令人信服

序言

的演说获得了声誉。但是他卓越的口才却激起了皇帝卡利古拉的妒忌，据称卡利古拉想杀了他（然而在采取行动之前，皇帝本人却先被暗杀了）。在克劳狄乌斯⊖，即卡利古拉的继承者统治期间，塞涅卡再次遭到怀疑并被流放到科西嘉岛；针对他的指控是与卡利古拉的妹妹有染，这好像是欲加之罪。《论愤怒》很可能就写于那段流放时期。

在科西嘉岛流放八年之后，塞涅卡的政治生涯濒临结束，公元后49年，一项重任将他召回：给克劳狄乌斯的养子兼指定继承人、十三岁的尼禄⊜担任老师。在卡利古拉

⊖ Claudius，即克劳狄一世，他是罗马帝国朱里亚·克劳狄王朝的第四任皇帝，公元41年—54年在位。 ——译者注

⊜ Nero，罗马帝国第五位皇帝，也是欧洲历史上著名的暴君，公元54年10月13日至公元68年6月9日在位。 ——译者注

的另一个妹妹、克劳狄乌斯的新婚妻子小阿格里皮娜㊀的支持下,塞涅卡比从前更受欢迎,而且一时富可敌国。大约也是在此期间,他完成了《论愤怒》(关于完成日期,我们唯一确凿的线索就是他讲话的对象诺瓦图斯,此人后来于公元52年后期或53年前期改名为加利奥,由此可以判断该书必定完成在那之前)。但也可能是作品先在罗马流传开来,以宣告作者的回归,为这个再次进入至高权力内部的人做些道义上的宣传——类似现代政治家在晋升更高职位时往往要出版一本回忆录。

仁慈,在人文关怀的意义上,实为《论愤怒》的基调。愤怒的冲动,此处界定为

㊀ Julia Vipsania Agrippina,罗马皇后,暴君尼禄的母亲,也是罗马帝国早期有名的投毒者。 ——译者注

序言

"惩罚的欲望",塞涅卡提醒我们,人类有多么相似——尤其是我们的宽恕能力。在卡利古拉似的魔鬼和苏格拉底般的圣人之间,是那99.9%的人类,他们全都带着原罪,然而全都值得悲悯。"让我们对彼此更友善些。"塞涅卡在书中激情洋溢的最后一部分劝诫道:"我们只是生活在不道德的人中间的不道德的人。唯有一样东西能给我们和平,那就是互相仁爱。"作为社会公约中的集体错误,这一主题经常出现在塞涅卡的作品中,但在其他地方都不像在这本书里表达得如此清晰而高贵。

在《论愤怒》中,塞涅卡调动了他势如破竹的修辞力量,有时用怪诞残忍的故事令读者不寒而栗,有时又以劝勉将他们朝慈悲高高举起,最后再把他们留给死亡的幽灵,那个冷酷的绝对从未远离他的思想。他采用

其著名的性感散文风格，极端精确地大肆渲染，让我们记住每一个字。（本册仅选了《论愤怒》不到三分之一的内容，并非全文的"每个字"。

塞涅卡的生命结束于他无法平息的一场愤怒。尼禄皇帝，在被塞涅卡教导了15年之后，于公元后六〇年代中期，变得极其易怒且偏执。帝国的暴怒重新抬头，一如卡利古拉当年的可怕。塞涅卡被捏造证据涉嫌刺杀尼禄，最终于公元后65年被迫自杀。

塞涅卡复杂的一生，以及他冷峻的作品，已使得他很难为今人所接受。而另外两个斯多葛学派伟大哲人、塞涅卡的两个追随者爱比克泰德㊀

㊀ Epictetus，古罗马最著名的斯多葛学派哲学家之一，是继苏格拉底之后对西方伦理道德学说的发展做出最大贡献的哲学家。——译者注

和马可·奥勒留㊀却更受欢迎。然而对某些人来说，塞涅卡的思想仍是启发与引导道德觉醒的源泉。20世纪中叶，心理学家阿尔伯特·艾利斯㊁将塞涅卡和其他斯多葛学派哲学用于理性情绪行为疗法，之后几十年里，米歇尔·福柯㊂将塞涅卡的每日内省实践作为他称之为"关照自我"的一种模型。在此模型之下，古代斯多葛学派在现代世界仍发挥重要作用，尤其每当夜深人静、我们在卧室里寻求治疗灵魂疾病的良方之时。

㊀ 全名 Marcus Aurelius Antoninus Augustus，罗马帝国最伟大的皇帝之一。他是一个很有智慧的君主，也是一个很有造诣的思想家，有以希腊文写成的《沉思录》传世。——译者注

㊁ Albert Ellis，美国临床心理学家，在1955年发展了理性情绪行为疗法。——译者注

㊂ Michel Foucault，法国哲学家、社会思想家，从历史发展的维度关注知识与权力的关系，对当代社会学发展产生了巨大影响。——译者注

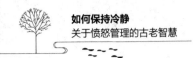

塞涅卡的这本书，并非仅仅为尼禄时代的罗马精英而写，而是为所有时代的所有人而写。在这个愤怒的时代，他能教给我们很多很多。

How to Keep Your Cool:
An Ancient Guide to
Anger Management

CONTENTS | 目 录

Preface | 序言

How to Keep Your Cool | 如何保持冷静 / 001

Notes | 注释 / 091

HOW TO KEEP YOUR COOL
如何保持冷静

How to Keep Your Cool:
An Ancient Guide to Anger Management

塞涅卡以给他哥哥诺瓦图斯写信的方式写了《论愤怒》。和塞涅卡一样，他哥哥也跻身政界并成为一名元老院元老。（诺瓦图斯被一个叫加里奥的富人收养之后改名加里奥，且在《圣经》使徒行传中作为加里奥出现，并作为希腊的罗马统治者在科林斯港处置圣徒保罗。）本文的单数对话者只是虚构，实际上塞涅卡乃针对他所有的罗马精英同胞，且在今天甚至有更广泛的指向。

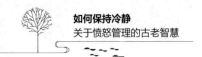

　　诺瓦图斯，你请求我说如何才能平息愤怒，我想，你害怕这种情感是对的，因为它是所有情感中最丑陋和野蛮的。别的情感都有一定程度的平静，但愤怒会发狂，以骚乱和狂暴活动——带着几乎非人的热望——寻求痛苦、武器、流血和折磨，直到伤害了别人才肯罢休。它冲向武力贪婪复仇，最后与复仇者同归于尽。一些聪明人称愤怒为短暂的疯狂，它使人不能控制自己，忘记礼仪，无视友谊，顽固而急切地想要发泄，听不进理智和建议，被空虚的挑衅所激荡着，辨不出什么是正义和真理。它像极了正在倒塌的建筑，和它要毁坏的东西一同破碎。

然而，为了理解那些被愤怒掌控的人并不是疯子，我们来看看他们是如何表现自己的。正如发疯会有清晰的表征——草率而威胁性的表达，生气的脸，皱起的额头，焦躁的步子，紧张的手，皮肤变色，急促而粗重的呼吸——愤怒的人也会表现出类似的迹象：双眼怒火燃烧，血液在体内沸腾而脸涨得通红，嘴唇颤抖，牙关紧咬，怒发冲冠，呼吸吃力急促，四肢扭动关节作响，呻吟、叹息、胡言乱语，拳头紧握，两脚跺地，全身焦躁不安，"炫耀了愤怒那强大的威胁。"[1]当他们被折磨并扭曲而膨胀时，那样子看上去淫邪而令人恶心。你很难说用哪个词形容更好："可恶的"或"骇人的"。

别的感情可以藏起并暗中酝酿，但愤怒要表达自己并冲到脸上；程度越深，就越要爆发出来。你是否见过动物因遭到伤害而直立起来，如何在发动攻击前发出信号？它们的整个身体是怎样抛弃了一贯的平静而激荡在狂野的边缘？ 野猪口吐白沫，磨着尖利的獠牙；公牛朝空气猛掷犄角，踢起沙尘；狮子咆哮；被刺痛的蛇张开颈项；疯狗一副可怜相。没有哪种动物天性如此可怕、如此败坏，一旦被愤怒入侵，野蛮便让它们变成了别的东西。

当然，我知道别的感情也很难隐藏，情欲、恐惧和勇敢也会表现出来并被感知。实际上，每一种强烈的感情都会以某种方式改变我们。那么其区别何在？ 就在于：别的感情是走过来的，愤怒是拔地而起的。

（1.2）但是如果你仔细察看它带来的后果和损失，可以说没有别的灾祸能像愤怒这样对人类造成更大的伤害了。看看那些大屠杀，投毒，诉讼双方互揭隐私，城市化为废墟，种族灭绝，领袖的生命财产[2]被公开拍卖，大火烧上建筑物，火焰握在敌人手里，越过墙壁，蔓延燃及整个广大疆域[3]。看看最高贵的城市，它们的奠基石荡然无存——愤怒推倒了它们。看看绵延数千英里的荒原，绝无人烟——愤怒将它们剥得精光。再看看那些被历史作为暴君记住的元首——愤怒之剑将这个刺死在自己的床上，将那个撞倒在神圣仪式的桌子旁，把另一个撕扯在法庭和围观公众的眼前；命令这一个为他儿子的叛变流血，那一个将他的头颅伸向奴隶之手，还有一个在十字架上被肢解。[4]这些还只是对个人的折磨，假如越过那些被愤怒一个个烧焦的人去看会怎样？

你会瞥见那被砍杀的一大片,暴民被派去镇压他们的士兵斫成碎片,成千上万的平民在疯狂大屠杀中死于非命!

上面这句话后面的拉丁语原文存在一处缺失。我们从其他地方的来源得知,在缺文中,塞涅卡将愤怒定义为一种想要惩罚现实或感知到不公正的欲望。这一定义在后面讨论如何制止或平息愤怒时至关重要。——编者按

(1.7)[5]但是或许有人会问,尽管愤怒是反常的,难道我们不应因其有用而接受它吗?毕竟,愤怒使人精神振奋,哀兵必胜——也就是说,如果怒火没有在心里点燃,我们就不会赴汤蹈火、英勇无畏。因此,有些人会觉得更有价值的做法是:适当调节愤怒,而不是将它推倒在一边,将愤怒控制在一个有益的限度之内,只要不任其泛滥即可。他们认为应保留部分愤怒是必要

的，因为缺少了它行动力就变弱，心灵力量就消解。首先，完全排除有害的事物比掌控它们要容易，防止它们的入侵比入侵后平息它们要容易。而一旦它们住了进来，就会变得比它们的宿主[6]更强大，不容许任何压缩或削减。这就是为什么理性所信赖的缰绳本身，只有与激情相隔离时才有效。一旦它把自己和愤怒混在一起，被愤怒搅浑，那么它便不能再抑制自己之前可以断然拒绝的东西。理性一旦被动摇和推翻，心灵便成了驱使它的那些愤怒的奴隶。某些情况下，事态一开始尚在控制之中，但接着我们便被势态裹挟而无回头之路。正如处于自由落体中的身体绝无控制自己的力量，无法抵制或减缓自身的坠落，而这不可阻挡的俯冲会切断一切思考和歉意，它们情不自禁抵达一个自己本可以不去的地方——那么，心灵，一旦将自己投入愤怒或爱或其他感情，就绝无机会

再去阻止它自身的冲力、重力或者看清罪恶的本质，而只能攫住它并随之一起坠入谷底。

（1.8）最好在愤怒刚刚冒出来时就抵制它，将它消灭在萌芽状态，忍住痛苦，也不要被之裹挟而去。因为我们一旦被它带离，要想再回到健康安全的状态是很难的。一旦激情袭来并占据主导，则根本没有理性的余地了。愤怒将为所欲为，而不是做你允许它做的事。不，敌人必须在最遥远的边界被击退（的确如此）。一旦愤怒来临，它将长驱直入，毫无条件地吞噬一切。理智此时不再独立，无法冷静观察并制止愤怒的泛滥。理智本身已被削弱，并叛变于它的敌人，被变成一种激情，无法恢复其健康有益的力量。

（1.12）"那又怎样？"有人会说。[7]"难道好人就不会生气吗？即使目睹其父被杀害或其母被强奸？"他不会生气，但他会为他们报仇，要么就保护好他们。你为什么会担心，难道缺少愤怒的帮助，他就没有足够的动机了吗？同样有人会说："那算什么？当他亲眼看着自己的父亲或儿子被切成碎片，这个好人难道不会哭泣吗？难道他还能保持理智吗？"[8]……这个好人会履行他的职责，不惧不乱，他的行动将配得上"好人"这个称谓，因此也将无愧于被称为"男人"。我的父亲被杀了，我必为他报仇——但只因那是我应该做的，并非因为我的哀伤……为了家族的利益而发怒是软弱的表现，而不是忠诚。这才是高贵和有价值的：在职责的引领下，去保护父母、孩子以及朋友——心甘情愿，审慎明断，充满远见，而不是被盛怒所奴役驱使。

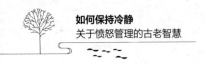

没有什么比愤怒更渴望复仇的情感了,正因如此,愤怒也最不适合于复仇。操之过急、粗心大意,和每种贪婪的欲望一样,愤怒会成为它冲杀道路上最大的障碍。

(1.15)对于想实施惩罚的人,愤怒是最不适当的。只有当对于不公的判决本身更合理时,惩罚才会更加有效。[9]这就是为什么苏格拉底对他的奴隶说:"等我不生气的时候再惩罚你。"他将对奴隶的惩罚推迟到一个更理智的时刻,而当时他只是在谴责自己。即使苏格拉底都不敢屈服于愤怒,那么谁还能在生气时控制住自己呢?

(1.20)我们千万不能把愤怒归为某种强大。那根本不是什么强大,只是膨胀,就像一种疾病,因某种有害的液体过盛而引起的肿胀,那也不是"成长",而是一种有毒物的溢出。每一个被精神疯狂带离正常思维的人都相信，他本人正在呼吸着某种崇高的东西。然而这种东西下面并没有牢固的支撑，如空中楼阁极易坠毁。愤怒没有任何凭倚，它从不稳定、不持久中升起……"那又怎样？难道那些豪言壮语不都出自愤怒之口吗？"不，相反，它们是从那些不知真正的强大为何物的人口中说出的，只能是可怕可憎的话。"让他们恨吧，只要他们害怕。"[10]……你认为这句话出自一个强大的心灵吗？不，那不是强大而是残暴。

坚决不要相信别人说的气话，他们只是在制造吵闹而充满威胁的噪声，其实心底是极胆怯的。不应该把在最博学的提图斯·李维㊀作品中发现的这句话当真："强大的人并非都

㊀ Titus Livius，公元前 59 年–公元 17 年，罗马历史学家。——译者注

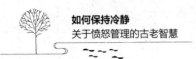

天性善良。"[11]这些品质是无法分开的。人的天性要么好、要么不好,强大的灵魂是某种不可动摇的存在,核心坚固、正直,从根底就很牢固,它不可能存在于邪恶的天性中。当然,可怕的、混乱的、致命的事情可以存在,但是它们毫无强大可言,强大的根本在于力量和善意。它们通过言辞、力气和所有外在的表演,给人以强大的幻觉;它们的咆哮让你觉得那可能属于一个强大的心灵——就像卡利古拉:对天空发怒,就因为它用喧响打断了他的哑剧(对此他热衷的不是观赏而是嘲弄!),因为他的狂欢被雷电震慑(多么可怜啊!),他便对朱庇特㈠宣战;而当雷电并没有停止时,他又高诵起荷马的名句:"你干掉我,要不我就干掉你。"[12]这是何等疯狂啊!他认为连朱庇

㈠ Jupiter,是罗马神话中的众神之王,也是罗马十二主神之首,对应希腊神话中的宙斯。——译者注

特也不能伤害他,或者说他觉得自己甚至能够伤害朱庇特。我想,是他的狂妄刺激了那些人密谋杀死他,[13]因为一个连朱庇特都不能忍受的人,实在让其他人忍无可忍。

(1.21)因此,愤怒并无任何强大或高贵可言,就算它对人和神极为傲慢甚至嘲讽也没用。如果愤怒能带来任何心灵上的强大,那么奢华也可以算了,它喜欢被象牙撑起,穿紫戴金,将领土从这里移到那里,拦截海洋,把河流倾倒成瀑布,在空中建造森林。[14]那么贪婪也可以算了,它躺在金山银堆上,把土地变成"疆域",名下财产不断扩张。[15]还有情欲,它貌似也来自强大的心灵,看看它如何横过海峡,让那么多男孩软弱无力,[16]又如何不顾一切置身于那些丈夫们的剑下……所有这些,无论发展到什么程度,扩张到多大限度,实质上都是渺小、低

劣而卑贱的。德行本身却是严肃而高贵的。没有平和，就没有伟大。

　　从抽象意义上谈了愤怒之后——关于它的定义与特性，塞涅卡接着在第二部分的论述中转向实际操作，即如何阻止愤怒而不让它主宰我们，以及一旦发生了该如何处理。他从给父母们的建议开始，告诉他们该如何抚养孩子，以便他们长大成人后不那么易怒。——编者按

（2.18）探讨了愤怒会带来什么样的问题之后，我们来看看有什么疗法。我相信方案有二：不要堕入愤怒；一旦愤怒，别做傻事。正如照顾我们的身体，有些疗法是保持健康，另一些则是恢复健康。因此，我们要做的就是避开愤怒，或镇压愤怒。首先，对于如何避免愤怒，我们要了解一些事关整个人类生活的教法，可以分为"抚养孩子"和"后补措施"。

养育孩子需要付出极大的辛苦，然而其回报的收益也很大；孩子的心灵可塑性很强。然而已经扎根在我们成年人身心中的毛

病却只有在遇到困难时才会收敛。

（2.21）可以说以健康的方式养育孩子会收到极大的效益。但实际做起来是很难的，因为我们必须努力做到既不滋长他们的愤怒，又不磨钝他们天性的冲动。这需要仔细地观察，因为那些该给予支持的与那些必须压制的往往存在于类似的事情上。而由于类似，即使在你观察的时候，它们也很容易愚弄你。心灵一旦被获准便会兴盛，一旦被呵斥又会退缩。如果受到表扬和鼓励，它就会暴涨而自视甚高。但是准许和表扬也会助长自负与刚愎。我们必须掌控好平衡，这一刻拽紧缰绳，下一刻又扬鞭驱赶。让孩子的精神杜绝卑贱与奴性。永远不要让他们哭着撒娇来乞求什么，如果他们这样做了，别去拿任何东西满足他们。只在特定情况下才给他们礼物，比如他们做完某些事，或者答应以后要做的好事。

在和同伴的竞争中，不允许孩子泄气，也不要让他们发脾气；让他们看到和他们竞争的都是亲切的熟人，这样他们就会习惯于想要获胜而不是去伤害对方。如果他们赢了或做了什么值得表扬的事，那么就允许他们昂起头，但不要太吹嘘，因为狂喜带来得意，得意导致自我膨胀，导致自我价值感太强。可以给他们适量的闲暇，但不能放任他们无所事事或懒懒散散。也要让他们远离享乐，因为没有什么比甜腻的抚养更能让他们变成一个任性的人了。因此，独生子越是被溺爱，孩子的心智就越容易腐败。那些从未被拒绝过的，那些眼泪总是被担忧的母亲擦去的，那些总是为了保护他们而让保姆遭到责骂的孩子，他们对愤怒将毫无抵抗能力。你难道看不出慎重会带来更大的财富吗？这

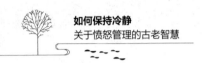

一点在富人、贵族和官员身上就体现得很明显,任何时候只要他们心里稍有风吹草动,愤怒便会瞬间爆发,就像一艘顺风顺水的船一样蓄势待发。当权势助长坏脾气时,一群唯唯诺诺的人就会对着自大的耳朵低声说:"他怎能这样对你说话? 你该拿出自己的气势,别低估了自己。"还有其他一些事情,即使是根基牢固的健康的心灵也无法抵抗。

让儿童远离奉承,让他们听到真相。让儿童时不时感到害怕,学会尊敬,学会在长者面前起立。不让他们以发脾气的方式获得满足,把那些用眼泪来索取的孩子的东西送给内心平静的孩子。让他看着父母的财富而不能享用。让他因犯错而受到训斥。把他送到内心平静的老师和同伴那里也很重要,因为所有人都会受环境影响,而且变得与之相似。年轻人的性格里都能看出奶妈和保姆们的影子。

一个在柏拉图家里长大的男孩,回到自己家里看见父亲大喊大叫。"我在柏拉图家里从未看见过这个。"他说。[17]我相信他很快就会模仿他父亲而不是柏拉图。

让他饮食简单,衣着朴素,生活方式接近他的同类人。当你从一开始就把他和很多人放在同一起点时,他将不会因为你将他和别人相比较而生气。

塞涅卡从如何抚养孩子转向了如何培养成年人,这些成年人的脾气性格已经完全成形。基于他对愤怒最初的定义,即惩罚错误行为的欲望,塞涅卡以不同的方式探讨了我们怎样才能避免感觉遭到不公。这一讨论将他带入某些更深入的阐释中,其重要性又带来了对错误行为的怜悯。——编者按

(2.22）但是这些事情都与我们的孩子有关；就我们自己而言，我们出生和成长的环境，已不再给我们犯错或改进的机会，我们得知道以后该怎么做。

那么，既然我们得对付最初的起因，即愤怒是由于感觉遭到不公；那么就不应该相信这种感觉。别马上就失控，即使是对那些看上去显而易见的事。有时谬误会披着真理的外衣。我们必须冷静下来，因为总有一天事情会真相大白。别对指责者敞开你的耳朵，我们要记住人性中这一弱点并时常警醒自己：我们讨厌听到什么，愿意相信什么，我们在判断之前就已经发怒了。接下来想想：如果我们不是被指责，而仅仅是由怀疑驱使而采取行动，我们对无辜者发怒，是因为把他们的面部表情或笑容解读成带着恶意？

不，我们必须撇开自己的利益为缺席的被告辩护,[18]我们必须在做判断时抑制住愤怒。惩罚即使推迟也依然可以执行，然而一旦执行了，就再不可能撤回。

（2.24）轻信是万恶之源。你应该经常拒绝去轻信，因为被欺骗好过被猜忌。怀疑与推测，极具误导性的煽动，也必须从头脑里禁止："这个人和我打招呼不太礼貌；那个人不大情愿接受我的拥抱；我刚开始说话就被那个家伙打断；那个人频频从我这里把脸移开。"我们从来都不缺乏支持这一怀疑的描述。让我们只相信自己亲眼看见的东西吧。任何时候，当我们的疑心被证明是子虚乌有时，让我们惩罚自己的轻信，因为这种惩罚会使我们养成不轻易相信别人的习惯。

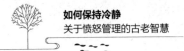

（2.25）这一点也告诫我们，不应该为鸡毛蒜皮的事生气。你的奴隶不够麻利，或者你要喝的水有点儿热，或是你的床很乱，或你的桌子摆得太马虎：为诸如此类的事一再生气是愚蠢的。只有那些不健康的人，那些体格虚弱的人，一阵微风也能让他们颤抖；那些患眼疾的人才会因为看到颜色鲜艳的衣服而不悦；那些被奢侈品腐化的人才会因为做了点儿不习惯的事就叫苦连天。

他们讲到某个人叫玛德瑞兹（Mindyrides），是锡巴里斯（Sybaritarum）公民，此人曾看见有人在挖一条沟并将鹤嘴锄举得老高，他就抱怨说看得自己很累，要求那人别在他面前干活。也是这个男人，还发牢骚说自己感觉不舒服是因为睡在身下的玫瑰花瓣有褶皱。任性会毁掉身心,一切对他而言都难以忍受,不是因为任务太艰巨,而是因为他自己太软弱。仅仅因为别人咳嗽了一声或打了个喷嚏,或没有赶走一只苍蝇,就会让一个人暴跳如雷? 或因为有只狗蹿到脚底下,或粗心的奴隶掉了一把钥匙? 一个听到椅子摩擦地板的噪声耳朵就受不了的人,又如何能平静地承受别人对他的城市的责难,或是元老院或法庭对他本人的批评? 一个因为奴隶把冰镇饮料用的雪[19]弄化就怒不可遏的人,又如何能忍受饥饿,如何忍受夏天走在路上时的口渴? 没有什么比不加限制的奢侈更能豢养怒气了,这样的人一点挫折也承受不起。心灵必须被粗放地对待,这样它就不会那么经不起一点风吹雨打,除了沉重的打击。

（2.26）我们的愤怒要么针对的是那些我们伤害不了的事物，要么针对的是那些我们能伤害的事物。前者是那些我们对它们缺乏感觉的东西，比如一本书，我们经常因为字体太小而扔掉它，或者因为书里有错误而撕毁它；或者一件衣服，因为穿起来不舒服而被我们剪碎。为这些东西生气，多么愚蠢啊，它们既不值得，也毫无感觉。"但是，理所当然，做出这些东西的人才是冒犯我们的源头。"首先，我们往往在确认这一区别之前就发怒了。其次，也许手艺人会提出合理的借口：某人做得还没他好。然而无论如何，这个人手艺不精并不是为了惹恼你。另一个出于某些原因和他一样的人，也不是有意冒犯你。最后，把对人所积累起来的怒气发泄到无辜的东西上，还有什么比这更愚蠢的呢？对无生命的事物发火本身就是疯子的标志,正如对无知的动物发火一样,它们并没有对我们不公(因为它们不会有那种念头;只要它们不是蓄意所为,就没有什么错)。

(2.28)如果我们想对事情做出公正的判断,就得先说服自己这一点:人孰能无过。暴怒来自如下的态度:"我没做错什么"和"我什么也没做。"不,你只是不愿承认罢了。受到任何警告或惩罚时,我们都会不快,即使当时的确在犯错,也会以傲慢和任性对待自己的错误行为。谁能宣告自己在任何法律之下都清白无辜? 即使这是可能的,然而,如果仅仅是合乎法律条款,这种清白无辜又是何等狭隘! 一个人的职责在法律之外还应延伸多远啊! 在公众领域,还需要很多东西——孝顺、仁慈、慷慨、正直和忠诚,这些都远在法律准则之外。

但是，我们不能把自己局限于清白无辜这一最狭隘的定义。[20]我们做过某些事，计划过一些事，希望过另一些事，还教唆过某些事。某些情况下，我们的清白仅仅是因为那些事没做成。那么，让我们好好想想这一点，对犯错的人更公平些，赞颂那些训斥我们的人。让我们不要对好人发脾气，如果对好人都这样，我们还会不对谁发脾气呢？……如果有人说你一直在诽谤他，那么想想是不是你引起的，想想自己评论过多少人。我们不妨这样看：某些情况下，人们并不是在伤害我们，而是在回报我们；有时候，他们只是投我们所好；有时候，他们是被迫那样做；还有些时候，他们根本不知道自己在做什么。或者，即使他们清楚并愿意那样做，他们的目标也并非是为了伤害我们。也许有人结结巴巴说出一个愿望，想以恭维让我们高兴，也或许他做那件事并不为了与我们对着干，而是因为如果不令我们失望他自己的目标就无法实现。[21]阿谀甜腻，但常常也会惹恼人。

那些能回想起自己曾有多少次陷入错误的怀疑，有多少次的尽职尽责变成了错误，又有多少人爱上了自己所恨的人——这些人就有能力避免发怒，尤其是如果他们每次都能默想自己曾经的错误："我也曾做过这样的事。"

但是你到哪里去找这么公平的法官？那个垂涎所有已婚女人的男人，那个认为"她是别人的妻子"这一事实便足够作为要爱她的理由，这样的男人对自己的妻子看也不看的；那个最迫切地需要你信任的人，他自己却是不诚实的；谎言的惩罚者在做伪证；那个捏造虚假罪名的人，当他自己被起诉时却觉得这是莫大的不公；强烈捍卫奴隶贞洁的主人，却不放过他自己的女奴。我们把别人的缺点看得一清二楚，对自己的缺点却视而不见。因此，一个比儿子更糟的父亲谴责儿子的晚宴，尽管他们做得并不过分；一个放纵无度的人对别人的奢侈却无法原谅；暴君无法忍受谋杀；盗墓贼惩罚小偷。大多数人生气的对象不是错误本身，而是施错者。好好反省自身，将使我们更为平和，如果我们自问："难道我们没有做过那样的事吗？ 难道我们没有同样误入歧途过吗？谴责这些事真的对我们有益吗？"

（2.29）延迟是愤怒最好的疗法。从一开始起，审问你的愤怒，不是为了给予原谅，而是为了训练判断。愤怒最初的冲动都很强烈，之后就慢慢温和下来。别去尝试立即除掉它；只有一点一点瓦解才能彻底击败它。

那些冒犯我们的事，有一些是别人转述我们的，另一些是我们亲身耳闻目睹的。首先，对于那些转述，我们不应该立马相信。有的人只是想欺骗我们，还有的人他们自己也被骗了……如果你要审判一个案子，即使涉案的只是一小笔钱，也得有证人才能进行审讯，证人的证词只有发过誓才算数，而你要给控辩双方同样的机会去为自己辩护；你得耐心兼听而不是偏听一方。真相越磨越明。[22]你会一时冲动就责怪朋友吗？在听他说完之前，在询问他之前，在他弄清楚指控者和自己的罪名之前，你会不会生气？你是否已经听了双方都必须说的话？

（2.30）接下来是我们亲自见证的事。在这些情况下，我们需要了解行为人的天性

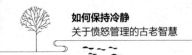

和意图。比如，对于你的孩子：想想他的年龄，他根本不知道自己做错了。对于你的父亲：既然他曾经为你做了那么多事，他当然有犯错的权利，说不定正是他的优点冒犯了你。对于你的妻子：她当然会犯错啦。[23]于是你就会明白：除非是一个偏执的人，谁会对理所当然的事动怒呢？如果他被伤害了：假如你能先感同身受一下你所做的带给他的痛苦，就不会有伤害了。如果他是法官：你最好放下自己的看法去相信他的判断。如果他是国王：假如你有罪而他惩罚了你，那就屈服于正义；假如你是清白的，那就屈服于命运。[24]愤怒是没法说话的动物，或接近于动物：发怒是一种动物行为。它是一种疾病或灾祸：如果你能忍住，它就会更轻柔地消解。它是神灵：对神灵发怒，就像祈祷神灵对别人发怒一样徒劳无功。如果是一个好人伤害了你：千万别当真。如果是坏人：没什么好惊讶的。他欠你的，终将在其他人那里受到惩罚，[25]实际上，他已经通过做不公之事惩罚了自己。[26]

（2.31）正如刚刚已经讨论过的，有两件事激起我们的愤怒：第一，我们是否貌似受到伤害（这一点已经讨论过了）；第二，我们是否貌似受到不公正的伤害。还需要讨论的是第二点。如果人们觉得自己不该遭受某些事，或者在某些情况下，人们没有料到这些事会发生，那么这些事就被看作不公正的。如果事情出人意料，我们就觉得它们不应该发生，因此那些与希望和预期相反的事最让我们恼怒。这就是为什么，家人一个很小的问题也会让我们生气，而朋友的一个疏忽会被我们称为"不公"。"那么为什么，"有人会问，"敌人的伤害只会使我们刺痛？"因为我们对他们无所期待，或者至少没到那种程度。我们过度的自爱，意味着我们认为自己应当免于伤害，即使是来自敌人的伤害。我们每个人都是精神上的王：我们想赋予自己完全的自由，而不是那些反对我们的人。无知和自大使我们易怒。恶人做坏事又有什么好奇怪的呢？敌人伤害我们而朋友只是冒犯我们，奴隶犯罪而儿子只是犯个错误，这有什么稀奇？费比乌斯[27]常说一个指挥官最喜欢用的借口就是"我没想到会这样，"但我要说的是，这是一个人人都会用的借口。想着世事无常、一切都在情理之中就对了。即使好人也有某些令人讨厌之处。人性本身就包含了背叛，包含了忘恩负义、贪婪和邪恶，在评价一个人的性格时最好考虑到这一共性。你最大的恐惧和最大的喜悦来自同一个地方。当一切看上去平静祥和，危险仍然存在，只是在沉睡中。要始终假设会有不好的事情发生。[28]即使在安全的时候，舵手也不会把帆完全展开，甚至会把重新收帆用的工具放在一旁。

首先考虑这一点：作恶的力量是邪恶的、被诅咒的，是人类的异化。而人类的友善甚至能驯化野生动物。且看大象如何将脖子伸向木轭，男孩与女人如何骑在公牛的背上翻筋斗[29]，蛇如何在水杯间、在衣服的褶皱里乖乖地爬行，当你抚摸家养的熊和狮子时，它们是多么温顺，野兽们都在讨好它们的主人。如果和野兽交换了天性，那将给我们带来耻辱。

伤害一个国家是暴行，伤害任何公民也是，因为公民是国家的一部分。如果整体值得尊敬，部分就是神圣的。因此，伤害任何人都是罪过，因为那个人是你所在的更大"城市"中的一个公民。试想如果你的手想要伤害你的脚、或者你的眼睛想伤害你的手会怎样？只有我们的四肢彼此协调，整体才会因各部分的存在而受益，人类必须停止伤害彼此，因为我们是作为一个整体被创造的。社会只有通过关爱其每个构成因子才能保持完整。我们甚至不会消灭毒蛇、水蝮蛇和那些会咬伤我们的动物，只要能把它们驯化或者安置在对人类不构成危险的地方。同样，我们也不该因为有人犯了错就伤害他，应假定他没有犯错，将惩罚留待将来而不是过去，因为惩罚应该来自深思熟虑而非愤怒。如果对所有天性反常并有可能做坏事的人都予以处罚，那么我们每个人都将无法幸免。

（2.32）"但是，"有人会说，"愤怒带来快感，给那些让我们痛苦的人一点颜色瞧瞧也不错啊。"这话完全不对。以暴制暴和互换互利的情况有本质不同，后者是投桃报李的高尚行为。[30]在互换行为中，被对方超过会觉得不体面，但在前者的情形下，赢了就是耻辱。"复仇"是一个不配用于人类的词，尽管它被认为是正义的……曾有一个人在公共浴场，不经意撞到马库斯·加图[31]身上（谁敢去伤害这样的大人物呢？）。后来，当他去道歉，加图说"我不记得被谁撞过"。他认为最好是忘了这件事而不是报复。"但是，"也许你会问，"如此无礼的那个人后来就没发生什么不好的事吗？"的确没有，相反，发生了很好的事：他和加图相识了！ 忽视这种伤害，正是心灵强大的标志。如果你想复仇的对象根本不值得你去伤害，那么复仇就成了对你的侮辱。很多人都是通过报复把芝麻小事变大的。对比之下，加图是一个伟大而高贵的人，他像一头巨兽，心不在焉地听小猎狗在那里狂吠。

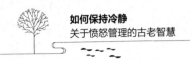

（2.33）但是争辩仍在继续，"如果能报复一下那些待我们不善的人，他们就不会再看低我们了。"如果那真是我们想要的，如果那就是解决方案，那么让我们不带愤怒地达此目的，即将报复当成一种有用的手段，而不是快感。此外，最好装作不经意，而不是蓄意报复。由强权施加在我们身上的不公，不仅要耐心地接受，最好还要表现出欢喜，因为如果他们觉得达到了目的，下次就会继续。那些因撞大运而变得傲慢的人会认为这是他们最糟糕的失败：那些被他们伤害的人，也被他们憎恨。有一个著名的故事，关于一位为君王做事的老人。有人曾问他如何在这种艰难处境中还能长寿，他说"通过接受伤害并说感谢"。

去报复一个甚至根本就不存在的错误，常常是诽谤。卡利古拉曾经羁押了杰出的罗马骑士帕斯特（Pastor）的儿子，只因嫉妒这位年轻人的优雅和一头漂亮的头发。[32]当男孩的父亲请求看在他的份上放过他的儿子，卡利古拉的做法是把这个请求当作一项处决提议，随即命令将男孩带上来立刻处死。然后，为了对这位父亲"尽可能"显得不太残忍，他邀请帕斯特当天与自己共进晚餐。帕斯特到场了，他没有流露任何不悦。皇帝给他送去一桶酒，并安排了一名卫兵察看。尽管帕斯特痛苦万分，但还是用尽全力喝了下去，那感觉就像在喝自己儿子的血。卡利古拉又为他送去了节日的油膏和花环，并命令卫兵监视看他是否会用它们。他用了。就在那一天，他把儿子抬出来准备埋葬（或者说，他不得不把他抬出来），帕斯特在人群中狂欢，一个痛风的老人纵饮狂欢，即使是在自己孩子们的生日聚会上也不太合适。在那整个过程中他没有掉一滴泪，也没有流露出任何悲伤。他参加宴会，就仿佛在庆祝他为儿子的请求被实现了。他为什么这样做？因为他还有一个儿子……如果他只是一味地害怕，我不免会藐视这样的父亲，但事实是，责任感压过了他的愤怒。按理他应该被允许离开宴会去为儿子收尸，但是卡利古拉，那位慷慨善良的年轻人，[33]甚至连这也不允许。他不停地向这位老人敬酒，请他放宽心。帕斯特，扮演着自己的角色，表现得很开心，似乎已经忘了那天发生的事。要是他陪刽子手吃饭时表现出不高兴，他也会失去另一个儿子。

（2.34）我们必须忍住愤怒，不论想要惩罚的人与我们相当、比我们更强或者不如我们。与一个旗鼓相当的人起冲突，这种事时有发生；与一个比自己强的人较量，简直是疯了；与不如自己的人决斗，太低级了。

向一个咬了自己一口的人索取赔偿,那是懦弱卑鄙的人才有的行为。如果你对老鼠和蚂蚁抬起手,它们会抬头看你;只有弱小的东西才会觉得自己被摸一下就会受伤。如果能想想,那个让我们生气的人,也曾给过我们帮助,我们就会变得温柔,那人的善行就会为他赢得原谅。记住这一点:慈悲的声誉会给我们带来多少赞美,善良又会把多少人变成我们宝贵的朋友。也不要迁怒于敌人和对手的孩子。苏拉㊀的残忍有一个例子,就是他把那些"公敌"的孩子们也从公民名单上去掉了。[34]让一个人继承他父亲的恶果,没有比这更不公正的了。

每当我们觉得很难去原谅时,不妨仔细想想,这种不与任何人和解的做法是否对我

㊀ Sulla,古罗马著名统帅,曾残杀政敌建立独裁统治。——译者注

们有益呢。有多少次，那个拒绝给别人怜悯的人后来在寻求怜悯？有多少次，他匍匐在自己曾唾弃的人的脚下？化干戈为玉帛，还有什么比这更好的事吗？比起那些曾经最顽固的对手，罗马人认为谁是更值得信赖的盟友呢？如果没有一个能将被征服者融入征服者的远见，罗马帝国的今天又是什么样子呢？[35]如果有人发怒，用你的行为感化他。只要一方放弃，争端便立刻瓦解。一个巴掌拍不响，除非双方都想争斗。怒火在两方之间燃起并引发冲突时，谁先让步谁就是较好的一方，输家就是"赢家"。如果有人撞你，后退。如果你还以暴力，就会开启更多的暴力，而且等你想要脱身时可就由不得你。

（2.35）当然没有人会在猛烈攻击对手的时候把自己的手卡在对方的伤口里无法抽

离。但愤怒正是这样的武器，它很难撤回。我们都会选择好用的武器，比如一把握起来合适好用的剑。那么在驾驭沉重、恼人、无法撤回的精神冲动时，我们不是应该更清醒吗？一时冲动是愉悦的，如果这冲动在收到理智命令时就能停下来不越界、能被掌控且随时被收回的话。我们发现，如果肌肉没有经过大脑的意愿在动就是生病了；如果老人本来想走却跑起来，那说明他的身体很虚弱。同理，如果我们的心灵能按照我们的意愿而不是一时的冲动来行事，那才是最健康、最强壮的。

最好是先看看这件事的丑陋，再看看它的危险。带有任何其他情绪的脸都不会像愤怒那么具有杀伤力：它毁坏最可爱的脸庞，扭曲最安详的表情。[36]所有礼节都遭到愤怒的排斥；如果人们穿着得体优雅的长袍，它

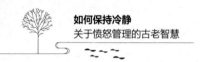

就撕裂衣服并毁掉人们身上的修饰；如果人们穿着一件经过精心设计的迷人的时装，它便使人怒发冲冠。它使人血脉贲张，呼吸急促，胸部发抖，颈部随着激烈的咆哮而伸长，四肢颤抖不停，双手胡乱挥动，整个身体都在动荡之中。你觉得这样的身体里能有怎样的思想？它的外表是如此的怪诞丑陋……就像那些屠杀野兽或敌人的人血淋淋的样子，或者像正要去屠杀对手的刽子手，或者像诗人想象出来的地狱世界里的魔鬼，身上绕着毒蛇，口中喷出赤焰；就像恶臭女神[37]，她们从地下爬出来，想要煽动战争，在人群中播撒冲突，从而毁掉和平——让我们这样来描述愤怒：它的双眼燃烧着火焰，发出刺耳的嘶鸣、呻吟、哭号、尖叫以及其他更可怕的声音；双手挥动着长矛（根本不考虑用一面盾来遮住自己），扭曲，血腥，身上伤痕累累，疯狂地奔跑，被密布的尘霾包围着，攻击，损毁，掠夺，被所有人尤其是它自己所折磨，如果没法以别的方式制造伤害，则妄想摧毁陆地、海洋和天空，如被鄙视了那样穷凶极恶。也或者，如果你允许的话，让我们听听诗人们是如何描述愤怒的：[38]"贝罗娜㊀，她的右手挥舞着一条血淋淋的鞭子"或者"不和女神㊁欣喜若狂，她的斗篷撕成了碎片"或者被这种可怕的情感召唤而来的更多骇人形象。

（2.36）正如塞克斯图斯（Sextius）所说，[39]人在愤怒时照照镜子往往很有用。内在强烈的扭曲已经扰乱了他们；他们已认不出自己，然而真正的扭曲在镜子里还只展示

㊀ Bellona，罗马神话中的战争女神，战神马尔斯（Mars）的妻子。——译者注
㊁ the goddess of discord，即厄里斯（Eris），在世上散布灾难和纠纷。——译者注

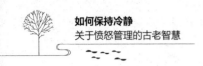

了很少一部分！如果心灵能被显示并以某种具体形式表现出来，它的样子将使人震惊——发黑，肮脏，喧闹，扭曲，肿胀。它是如此丑陋不堪，已经渗透到骨头、血肉和它所经过的许多东西之中；如果裸露出来，那会是什么样子？

但是，你可能不相信有谁会被镜子里自己生气的样子吓到。为什么？很简单：能走到镜子跟前去改变自己的人，早就已经改变了……

有多少人被愤怒本身所伤害，了解这一点至关重要。很多人因狂怒而血管爆裂；有人过度大喊大叫导致血压升高，汹涌的泪水模糊了视线；有人恶心反胃，他们已不知不觉生病了。没有比这更快的疯狂之路了。很多人深陷迷狂，他们被放逐的心从未复原。

正是迷狂将阿贾克斯（Ajax）㊀致死，是愤怒让他陷入迷狂。[40]他们给孩子招来死亡，给自己带来贫穷，毁了自己的家园，却否认自己的愤怒，正如那些胡言乱语的人否认自己发疯一样。与密友成仇，与亲人反目，无视法律，睚眦必报，既听不见别人说话，也顾及不到自己的职责，无论做什么都使用武力，时刻准备着要么挥剑向人、要么自己殒身。

一种巨大的恶攫住了他们，一种比其他邪恶都更大的恶；别的恶都是一点一点爬过来，但这种恶是整个地突然袭击。它以使别的情绪统统臣服于自己而结束。它征服最热烈的爱，因为狂怒已将他们爱人的身体刺穿，而后躺在他们杀死的那些人的怀抱中。

㊀ 又译为大埃阿斯，希腊神话中的人物，英勇好战但易冲动。——译者注

甚至贪婪,诸恶之中最顽固不化、最不可塑的,也被愤怒踏平,驱使他们将财产散落风中,把房屋和堆积如山的财富付之一炬。至于其他又如何?难道他们珍视的勋章没有被扔到一边?授予他们的荣誉没有被拒绝?没有什么情感可以逃过愤怒的魔掌。

第三部分针对如何处理愤怒进一步给出了实际的建议,并按照3.5小节的方案教我们如何"不发怒……掐灭愤怒的苗头,以及……治愈他人的愤怒"。但是在讨论这个之前,塞涅卡再次提醒我们愤怒是一种极具毁灭性的力量。

（3.1）现在我们将试着做你最想做的事，诺瓦图斯：把愤怒从心中移除，或者至少驯服它，抑制住它的冲动。一旦感觉到那股蛮力，必须立刻公开采取行动，而在另外一些更隐秘的情况下，它则会随着每一次压制而愈演愈烈。关键在于，要根据它的力量有多强大、多完整，来决定我们是应该把它打倒在地，把它往后推，还是应该在风暴刚开始肆虐的时候就向它屈服，以免它自己把自己的治疗手段吞没。

我们也必须根据每个人的天性设定不同的计划。婉言恳求对有些人管用，但对另外一些人则需要辱骂和攻击才管用；还有些人可以通过吓唬令其平静。责骂会令某些人偏离他们原本的方向，忏悔；还有一些人会感到羞耻。然后是拖延，这是对以极快速度奔涌而来的邪恶的一种缓和补救，应该被用作最后的手段。其他情绪都接受拖延，都可以被延缓，但是愤怒的暴力不行，一旦它被唤起、被激发，就不会一点点前进而是一下膨大。它与其他恶习对心灵的刺激不同，它将心灵拽走，让其丧失自控力，驱使其想要作孽让所有人烦恼，不仅对目标狂怒，而且将其撞见的一切都席卷进去。别的恶习会推动我们的思想前进，而愤怒则让我们头脑发热。别的情感或许也无法承受，但它们会停下来；愤怒却不断增加力量，如同闪电、龙卷风和其他骤然降落、势不可挡且无法收回的东西。别的恶习背离的是理智，愤怒背离的是心智。别的恶习是一点点入侵，不易被

察觉，而我们的心是一下子就跃向愤怒。

（3.2）愤怒在生活中时时可见，人人皆有。有的人丰衣足食，可能从没见识过奢侈；有些人一直努力前行，从不懒散；有些人生活简朴，从未听过伪造、欺骗和法庭上出现的其他罪恶。但是，从没有人不曾被激怒过。愤怒对于希腊人和野蛮人来说同样强大，对于畏惧法律的人和法律所庇护的人同样有害。

还有，其他恶习是一个一个地破坏我们，愤怒则是一竿子击倒我们。从来没有见过全体民众为爱一个女人而心急如焚，也没有见过全体国民因希望得到金钱或财富而心急如焚。野心每次会攫住我们中间的一个人，鲁莽也不会影响全体民众。但是往往会有一大群人排着队走向愤怒。男人，女人，老人，青年，贵族，平民——全部分享同样的情绪；一群乌合之众，仅仅因为几个词就被挑唆起来，其愤怒超过挑唆他们的人；他们拿起武器，点起战火，对邻居宣战，对同胞发起战争。整个家园连同他们自己的家族一起被烧毁，曾经极受尊重的演讲者的演讲风格如今成了被攻击的目标。军队倒戈朝向他们的将军，平民与贵族分裂。元老院选出一些男人让他们在盛怒之下采取行动，既不举行征兵仪式，也不委派指挥官，在城市的房屋中追赶首领，亲手施行惩罚。大使遭到伤害——这是违反国家惯例的行为——魔鬼般的狂怒夺走了市民的生命，却没有为退烧留下时间；舰队直接启航，甲板上载满仓促装备的兵力；而市民在愤怒冲动的引领下，没有停下来稍微想想应有的风俗或采取一定的保护，随手抓起什么就是什么，而没有真正的武器，结果为自己的鲁莽、不顾后果的

愤怒付出了代价：大量的流血。

（3.4）因此，如果了解到愤怒一旦发作就会造成伤害，谁不想把自己从愤怒的边缘唤回来呢？难道你不想让我给那些手握重权正在愤怒的人一些建议吗？当他们把愤怒当成对自己力量的证明，当他们以为唾手可得的复仇是巨大财富带来的好处之一，难道你不想让我告诉他们：一个被愤怒囚禁的人不能算是强大或自由吗？难道你不想让我警告他们——以便他们更加小心，照顾好自己——当其他精神疾病也来侵袭时，愤怒甚至渗透到那些受过良好教育的人以及健康的人身上？有人将发怒当作诚实的标志，而那些委身于愤怒的人，则被普遍认为有着自由的精神。

（3.5）"你到底想说什么？"你问。我想说，当天性温柔而平和的人都变得残忍和暴力时，愤怒面前人人自危。正如身体的力量和对健康的积极保养在瘟疫面前不堪一击——瘟疫对虚弱和强壮的人一视同仁——愤怒对于天性敏感的和天性温和的人也同样危险（对于后者更加丑陋而危险，因为他们会受到伤害而发生更大的改变）。至关重要的是：首先，不要发怒；其次，一旦发怒立刻制止；再次，治愈别人的愤怒。我将首先讨论该如何避免掉进愤怒的情绪，然后如何把自己从中解脱出来，最后如何控制并平息他人的愤怒，并将他们引回精神的健康。

如果我们能将愤怒带来的罪恶摆在眼前，并能很好地处理，就能确保自己不会发怒。我们必须谴责并声讨愤怒，彻底检查它的种种罪过并将之暴露在日光下，将它和最

坏的恶进行比较，这样我们就能看清楚它到底是什么。比如，贪婪会不停地攫取财富并将它们堆积起来，以便能够更好地使用；而愤怒则纯属浪费，鲜有不付代价的发泄。愤怒驱赶了多少奴隶！愤怒带来的损失远远超过了那令人愤怒之事的损失！愤怒把悲伤带给父亲，把离婚带给配偶，把仇恨带给官员，把失败带给候选人。愤怒比奢侈之罪更糟糕，因为奢侈为个人所享用，而愤怒则将快乐建立在他人的痛苦之上；愤怒之罪也超过了怨恨和嫉妒，此二者仅仅是希望别人痛苦，而愤怒则造成别人的痛苦；生病也只是时有发生，但愤怒简直等不及厄运；它想要伤害那些它所仇视的人，而不是看到他们被伤害。没有什么比打架更可悲，而愤怒挑起争斗；没有什么比战争更悲惨，而强权者的愤怒引发战争；平民百姓的愤怒也是一场战争，一场没有武力的战争。除此之外，考虑到我们还得善后的一件件事，痛苦，背叛，对人际关系博弈无休止的担忧，等等，那么愤怒可谓付出了它应得的惩罚。它是对人类天性的背叛，因为天性促使我们去爱，但愤怒促使我们去恨；天性要我们去帮助别人，但愤怒要我们去伤害。

（3.6）没有什么事情能激怒你，就是你之所以伟大最确切的证明。宇宙中更高级、更有序的部分，靠近群星的那部分，不会被迫俯向云层，也不会被卷入风暴，或变成一阵龙卷风；当低空在打雷闪电，它超然远离混乱。同样，高贵的心灵风平浪静，安住在清澈祥和的地方，俯瞰下方纷扰之事，保持着自身的温良恭俭。但愤怒的人却不是这样。在屈服于痛苦并开始怒吼的那一刻，谁还会懂得廉耻？在冲动狂躁并攻击他人时，谁还能保持体面？一旦被激怒，谁还会继续恪守他的职责？谁还能管好自己的嘴巴？谁还能控制住自己的身体？放松了自律，谁还能管好自己？

我们将从德谟克利特（Democritus）的训诫中受益[41]，他告诉我们，宁静要求我们不论在公共场合还是私下里，都不去做过多的或超出自身能力范围的事。对于那些汲汲于世的人，没有一天不伴随着问题的出现，或某个人，或某件事，令他们生气。正如当我们匆匆穿过熙攘的城市，总是不可避免地会撞上很多人并在某处被绊倒，在另一处被耽误，在又一处溅满泥浆。同样地，在这散乱荒诞的生活中，很多障碍和纷争总是横在我们前行的路上：有人欺骗了我们的希望，有人迟迟不肯兑现承诺，还有人阻止我们实现自我；我们的事业并没有遵循我们所设定的方向。当我们努力尝试很多事情时，命运并不眷顾任何人，使每个人的路都同样好走。结果，当事与愿违，我们就会对人、对事失去信心，会为琐事发怒，对某个人，对某项任务，对某个地方，对于运气，也对我们自己。因此，为了让心灵保持平静，正如我说过的，就必须不被诸多杂事，或那些主要的事，或超过自身掌控范围的事情弄得散乱或疲惫不堪。我们可以很容易地套上轻轭，将货物运到各处而不会打滑，但是如果有人将超负荷的东西强加在我们身上，我们就会被压垮，迫不及待将它们统统卸下。即便仅仅是站在这压力之下，我们都会蹒跚，无法承受其重。

（3.7.2）当你尝试做某事时，要根据你正在尝试的事情和你自己的准备来采取自己的措施。未完成任务的后悔会让你焦虑易怒。了解一个人的性情也很重要，是热情洋溢的，还是迟钝而沮丧的；失败在贵族身上引发愤怒，但在退缩和消极的人身上引发忧郁。让我们做那些既不琐碎也不大胆和鲁莽的事，小心地冒险。不要太急于求成，我们将会收获惊人的成功。

（3.8）让我们努力不要让自己觉得委屈，因为我们不知道该如何承受这种感觉。我们应该多与那些最平静、最随和、最不焦虑和沮丧的人在一起，因为我们的天性会互相影响。正如某些疾病会传染给那些我们接触过的人，情绪也会传染给离它们最近的人。醉鬼将对饮酒的痴迷灌输到同伴身上，好色者的陪伴会让一个坚定如石的人腐化，而贪婪会传染给那些靠近它的人。但是美德也按照自身的方式遵循同样的原则：它们使周围的一切变得温和；从未有哪个好地方或健康的气候对身体的益处，能像与仁人共处对动荡的思想的益处那么多。为了清楚地看到这一点,你只需要瞧瞧野生动物如何适应人类社会,看看巨兽在与人类生活一段时间后,如何克制了自己攻击的天性。在更平和的环境中,它全部的野性都渐渐磨光并被遗忘。

更重要的一点是,一个人要变得更好,不仅要借助于周围平和的人们的榜样效应,而且更关键的是,不要随便为个什么理由就生气从而强化自己的恶习。要知道,那些人正是想用这些理由来挑起我们的愤怒。"他们是谁?"你会问。有很多这样的人,从四面八方朝我们涌来:无知者以轻蔑冒犯你,无礼者以怠慢,恶毒者以怨恨,好战者以争吵,自负虚伪者以虚荣;你会发现自己难以忍受,被多疑的人猜忌,被无情的人击败,被吹毛求疵的人嗤之以鼻。那就选择和率

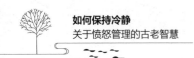

直、随和、温和的人在一起,他们既不会惹你发怒,也不会容忍你发怒。如果能和那些谦逊、仁慈而温柔的人在一起那就更好了,但不要奉承别人,唯唯诺诺也会激发愤怒的天性。我有过一个朋友,他人很好,就是太容易发脾气;对他而言,甜言蜜语和挑衅的话同样危险。还有凯利乌斯[42],众所周知,他是个很爱生气的演说家。据说有次他的一个客人,一个耐性极好的人,在他的内庭和他一起吃饭,一起置身在如此狭小的空间,这位客人发现他们二人的胳膊肘总是不可避免地碰到。于是他决定无论主人说什么都完全同意,扮演应声虫。但是凯利乌斯无法忍受他的默许。"反驳我啊,让我们成为两个不同的人!"他吼道。但凯利乌斯很快就放弃了,他的愤怒,是因为他的客人并没生气,而这样他就没有对手了。

如果我们能意识到自己的愤怒,那就让我们选择这样的人做朋友:他们会从我们的一言一行中获得暗示。他们会宠坏我们,让我们习惯于听不到任何反对意见,但这对我们也有好处,因为他们的不足给了我们些许的休憩和呼吸的空间。牢骚满腹、恃强凌弱的人会容忍谄谀者;对于与世无争的人,则没有什么大不了的事。

无论什么时候,当一场争论持续太久、变得激烈时,我们都应该在情况失控前停止。争论会愈演愈烈,并抓住那些深陷其中的人。比起从纷争中解脱出来,远离纷争要更容易些。

(3.9)易怒的人应该避开繁重的任务,或者至少避开那些会把他们推向崩溃临界点的事;他们的心不应该被困难占据,而应当被赋予愉悦的艺术。让诗歌给他们平静；让历史故事给他们消遣；让他们被温柔以待。毕达哥拉斯㊀用七弦琴来化解心灵的烦恼，不会弹七弦琴的人，军号和喇叭或许太刺激了，可否找某些舒缓的歌曲让心灵放松、进入睡眠？绿荫可以帮助眼睛休息，如果鲜艳的色彩使视线变得迟钝，那么就得找到合适的色彩以求得缓解。同样，对愉悦的追求可以使不安的心灵平静下来。我们必须远离广场㊁、法律办公室、法庭以及一切会使我们的恶习加重的地方。[43]我们还必须认识到，身体的疲惫会耗掉我们内在的温柔平和并唤起苛刻丑陋的部分……出于同样的原因，也必须避免饥渴；它们折磨并激怒你

㊀ Pythagoras，古希腊数学家，哲学家，具有杰出的音乐才能。——译者注
㊁ 在古罗马时期，广场作为市民集会、发布公告、进行审判的场所，也举行角斗。——译者注

的心。老话说得好,争吵由疲惫而来;争吵也由饥渴而来,由在渴求着什么的人而来。正如轻微的碰触甚至只是对碰触的恐惧就会使伤口更痛,痛苦的心也会因极小的事而生气,甚至有人为了一句问候、一封信、一篇演说,或一个问题而提供诉讼。如果不挑起斗争,就不会触碰到痛苦。

(3.10)所以,最好是在看到恶的第一眼时就约束自己,然后尽量约束自己的言辞,努力制止其发作。[44]当一个人的情绪刚产生时,很容易察觉,因为疾病会提前现出征兆。正如风暴或降雨前会有迹象,愤怒和爱以及其他干扰我们心灵的强烈感情来临前也会有迹象。易于痉挛[45]的人知道自己要发病了,如果压力使他们四肢麻木、视线模糊,他们会紧张得浑身发抖,失去记忆,头颅乱晃。他们会用一些常规的治疗把症状消灭在萌芽状态；不论是什么令他这样，都尽力通过味觉或嗅觉的刺激，或是用药膏来对抗恶寒和僵硬。如果药物的效果不够好的话，他们就把自己隔离起来，在没有人围观的情况下发作。

认识到自身的疾病且在它扩散前抑制住它的力量，这对我们每个人都是有用的。首先得想想最让我们生气的是什么。对于有些人，是言语上的冒犯；对另一些人，则是行动上的。这个人很在乎头衔；那个人看中的是长相。有人渴望被认为富有教养；还有人渴望被认为很博学。有人无法容忍自大；有人忍受不了顽固。有人觉得根本不值得对自己的奴隶发火；有人在家里很暴躁，在外面却很绅士。有人被请求帮忙时会觉得受到伤害；另有人若不被请求帮忙则觉得受到侮辱。人们可能会受到伤害的点各不相同。有必要知道你最脆弱的地方是什么,这样就可以尽最大可能去保护它。

(3.11)凡事看得太清楚、听得太多,对你并没有好处。很多伤害本来都是可以避免的;如果你不在意,就不会受更多的伤害。你想减少愤怒吗? 那就少问问题。那些爱去打听谁说了自己什么坏话的人,那些不能保守秘密、说三道四的人,他们自己就是混乱的源头。只有解释才会让事情看起来像受伤害一样——实际上,有些事应该被放一放;有些事则大可一笑了之;还有一些,需要去原谅。

应该通过各种方法来阻止愤怒。很多事情都可以变成游戏和玩笑。据说苏格拉底有一次被猛击到头,可他什么也没说,除了那句"一个人出门竟然不知道戴头盔,这真是

恼人!"伤害是如何发生的并不重要,重要的是它如何被接受。

我不明白为什么自控如此困难,因为我知道,即使是暴君,他们的脾气因财富和权力而膨胀,也能抑制住那天生的严厉。故事是这样的:某次,一个喝醉了的男人在宴会上大谈雅典暴君庇西特拉图[一]的残酷,而且当时不乏对他伸出援手并火上浇油的人。庇西特拉图一直平静地忍受着这一切,他回复那些嘲笑他的人说,他们不会激怒他,就像一个蒙着眼睛的人不会碰巧撞到他一样。

(3.13)和自己斗争;如果想征服愤怒,就不能允许它征服你。如果它隐藏起来,没有出口放它出来,你就征服它了。让

[一] Pisistratus,古希腊雅典僭主。——译者注

我们尽最大可能模糊它的迹象，把它悄悄藏起来。这需要通过很大努力才能办到，因为愤怒渴望一跃而出，令双眼冒火，令面部扭曲；一旦放任不管，我们就会被它控制。让它埋在心的深处休息；让它被负荷，而不是将我们裹挟。更确切地说，让我们把它所有的表现转换到对立面：放松面部，缓和声音，放慢脚步；一点点地，内在情绪将会和外在表现一致。

在苏格拉底的例子里，如果他降低声音，说话更少，那就表明他生气了，他似乎把自己封闭起来了。因此他的朋友们经常抓住他，谴责他藏起了他的愤怒，而他也完全接受。尽管很多人理解他的愤怒，却没人感觉到它，难道他不该对此感到高兴吗？如果他没有给朋友们惩罚他的权利——正如他假定的那样——他们也会有这种感觉的。对

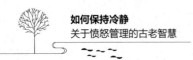

我们来说,做这些事是多么必要啊! 我们应该要求每一个最亲密的朋友在我们最不能容忍这种自由的时候,能最自由地反对我们,而不是最不能容忍我们的愤怒;换句话说,在我们能够清醒思考的时候,在我们能控制自己的时候。让我们召唤帮助,一起来对抗我们内心这个强大的、滋长邪恶的力量。那些不能喝酒、担心出疹子或害怕自己会酗酒的人,会请侍从把他们带出宴会大厅;了解了"生病"时的行为有多鲁莽,他们就会要求人们在其神智失常时拒绝服从命令。

最好是提前找到方法来阻断我们已知的恶习,最重要的是,要使心智平和,这样当它受到突如其来的重击时就不会感觉到愤怒,或者如果始料未及的巨大伤害已经煽起了愤怒,用你的心再把这种感觉埋藏到深处,不让这种痛苦发泄出来。如果从历史上引证几个例子，你就会清楚地看到这是有可能的。这些例子告诉我们，强权力量下的愤怒之恶有多大，而当受到更大的恐惧的压制时，它是可以管好自己的。

（3.14）冈比西斯[46]国王饮酒过度，他的内阁成员之一普勒克萨斯佩斯（Prexaspes），曾警告他少喝点酒，说作为一个动见观瞻的人，酗酒是一个国君的耻辱。冈比西斯回答："你就看看我如何从不失控吧，我马上就可以证明，我的眼睛和双手灵活得很，在饮酒之后依然灵活。"然后他往高脚杯里倒满酒，比往日更加纵饮，而当他浑身酒气熏天时，他命令普勒克萨斯佩斯的儿子去外边站着，并将左手举过头顶。然后，他用弓箭射穿了男孩的心脏——他说这正是他要瞄准的地方——然后，他又剖开男孩的胸，展示那卡在心脏里的倒钩。他回头看男孩的父亲,问他自己做得对不对;普勒克萨斯佩斯说,就连阿波罗本人也不会做得更对了。但愿上帝责罚他,比起身份上,他更是思想上的奴隶!他赞美了一种甚至让人不忍去看的行为……我们将在别处检视这位父亲应该怎么做,[47]当他站在自己儿子的尸体旁,而杀人犯就是他亲眼所见且因他而起的人。就当时的情境而言,有一点是很清楚的,即那里有愤怒。

(3.15)我不怀疑哈尔帕格(Harpagus)[48]也因类似的事劝诫过他的国王——波斯的统治者。国王被他冒犯之后,便将他的孩子们的肉放在他面前叫他当作晚餐吃掉,并问他味道如何。当国王看到哈尔帕格充满罪恶感时,他又命人将孩子们的首级端上来,并问他看见他们是否高兴。这个可怜的人并没有失语;他的嘴也没有紧闭。"当你和国王在一起时，"他说，"每一餐都很愉悦。"他靠这句谄媚得到了什么？那就是他没有被要求吃完剩下的。

我并非禁止一个父亲去谴责国王的这种行为；也不是说他不可以为这种邪恶的残暴寻求一种更有价值的复仇。此处我的教训是：

把愤怒藏起来是有可能的，即使是面对罪大恶极的愤怒，被迫说出口是心非的话也是有可能的。遏制痛苦，对于那些注定要过这种生活的人，对于被国王邀请共餐的人，是很必要的。那正是和国王吃饭的方式，和国王饮酒的方式，也是回答国王的方式。一个人必须对着亲人的死亡微笑。[49]

（3.18.3）为什么要看古代？就在最近[50]，卡利古拉在一天之内，鞭打、折磨并

杀死了：塞克斯图斯·帕皮纽斯（Sextus Papinius），一位前执政官的儿子；贝提利努斯·巴苏斯（Betilienus Bassus），他的财政官和检察官的儿子；以及其他参议员和罗马骑士，不是作为查处的一部分，而仅仅是为了让自己开心。他不愿把自己的残忍所要求的娱乐推迟一点点，立刻最大限度地兑现。当他和妻子们以及其他参议员们在他母亲的花园柱廊间散步，[51] 撞上他的目标时，他立刻命人在灯光下将他们砍首。为什么那么紧急？一个晚上，又能置他的人民和政权于怎样的危险之中？难道等到天亮是一件很难的事吗？那样他就不必穿着拖鞋杀死罗马人民的参议员。

（3.19）虽然有人认为此处似乎在跑题，绕了弯路，但理解那个人的残忍的本质是有意义的。这个主题将是我们讨论那些非常规的狂怒的一部分。在此之前,他已经将几个参议员鞭打致死;他一手促成了这些事情的发生。他使用过极端可怕的酷刑。此处你会说:"太可怕了!他通过鞭打和焚烧将三个议员撕碎,仿佛他们是毫无价值的奴隶——那个人想屠杀整个参议院,他希望罗马人只长了一个脖子,这样他就可以把所有罪犯都集中起来,那些分散在不同地方、不同时期的罪犯,就可以在一天之内一次解决!"……而且,他还在同一天的晚上派百夫长去到那些被他杀死的人家里,杀掉他们的父亲。——以此方式那些"仁慈的人"将他们从悲伤中解脱出来。但我描述卡利古拉残忍的用意并不在此,只想说的是,他的愤怒——这种力量,不仅使个人愤怒,而且将全部人民都撕裂,并殃及城市、河流以及那些感觉不到任何痛苦的事物。

（3.20）类似地，波斯国王曾经把叙利亚整个民族的鼻子都割了下来，因此有个地方⊖的名字就叫"断鼻"52。你认为他没有砍掉整个脑袋算是饶恕了他们吗？他很得意于自己新发明的惩罚呢。

（3.22）讲了这么多需要避免的案例；让我们来看看那些值得遵循的，那些克制的、温和的案例，尽管他们有足够的理由生气，也有强大的权力去复仇。对于安提哥那（Antigonus）国王53来说，没有什么比直接将那两个士兵处死更容易的事了。当他倚靠在帐篷里，发现他们二人和别人一样，尽管很危险，还是带着极大的愉悦说着国王的坏话。安提哥那全听见了，说者与听者中间只

⊖ 传说在古埃及与以色列边境有一座奇异的城市Rhinocolura，这座城里的人脸上都没有鼻子。——译者注

隔了层薄薄的布啊。他轻轻地把那片布掀到一边说："挪远点儿，这样国王就听不见了。"[54]

塞涅卡在第三卷结束时又回到他在第二卷中提倡的态度——调整主题，劝说读者放弃使自己感到被人冤枉的妄自尊大，或者如果做不到这一点，那就想办法原谅那些伤害他们的人。其中最主要的，正如第二卷中所见的，是人类普遍易犯的错误，这种情况应该让我们走向仁慈而远离审判——与我们人类同胞之间的"相互宽容公约"。

（3.24.2）出于什么原因，我要用镣铐和鞭打来惩罚他们？就因为他们说话太大声或者脸色不好，或者对我的耳语没有及时反应？我是谁，逆耳之言是一种罪过吗？既然很多人都原谅了他们的敌人，难道我们不应该原谅那些迟缓、粗心而啰唆的人

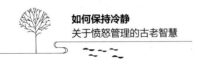

吗?……他是个朋友:他不知道自己在做什么。他是个敌人:他做了他不得不做的。极度聪明的人应该得到我们的信任;极度愚蠢的人应该得到我们的原谅。我们应该代表所有人告诉自己:智者千虑,必有一失。一个人再小心也难免时而疏忽;没有人能成熟到不会受环境影响做出某些鲁莽行为,即使不想冒犯别人的人也有可能意外做出背离本心之事。"

(3.26)你却回答说:"我无法释然,忍受不公太难了!"这是个谎言。如果连愤怒都能承受,怎么会承受不了不公? 想想你正在做的,那让你承受的不仅仅是愤怒还有伤害。为什么你要那么在意一个病人的胡话、一个疯子的辱骂或是年轻人莽撞的行为。他们显然并不知道自己在做什么。是什么让每个人都那么不计后果? 而不计后果的代价对所有人都是平等的。"那又怎样？"你问，"那就让他逍遥法外了吗？"假装就是如此。然而，并不会如此；对恶行最大的惩罚在恶行犯下时已经执行了。[55] 没有人比那些深受悔恨折磨的人遭受的痛苦更严重。

那么，如果我们要对所有不幸做出公正的评判，就必须全面审视人类的处境……我们全都是鲁莽而轻率的，全都是善变、好胜而野心勃勃的，还有——为什么要用温和的词句来掩饰那显而易见的痛处呢？——我们都是邪恶的。所以，无论我们因为什么而谴责彼此，都会发现自己也存在同样的问题。为什么要在意一个人的苍白或另一个人的消瘦？瘟疫无处不在。让我们善待彼此；我们只是生活在恶人中间的恶人。只有一件事可以给我们和平，那就是相互宽容。

"他伤害了我,而我没伤害过他。"但也许你已经伤害过某人,或者即将这样做。不要按小时或天数来计算,而应看看你的整个内心。即使你从未做过什么坏事,也可以做到。

(3.28)先是对这个人发脾气,然后对那个人;先对奴隶,然后对自由人;先对父母,然后对孩子;先对名人,然后对平民。你在每个地方都会看到足够多(令你愤怒)的证据,除非你的内心主动寻求防护。对这个人的愤怒把你朝这个方向拉,对那个人的愤怒把你朝那个方向拉。在不断出现的抱怨的喂养下,你的愤怒将无法停止。那么,我不开心的朋友,你可愿意去爱? 哦,多少美好时光被你浪费在不幸的事情上! 如果能减少敌意而建立友谊,能倾向于共同利益,能将你的精力用于家庭事务,而非观察周围有没有什么可以加诸某人的伤害，或者是什么样的打击可以施于他的名誉或财产或身体——后者必然会将你卷入某场斗争和危险，即使面对的是你看不上的人。

（3.33）人们为金钱大吵大嚷。金钱令法庭混乱，使父亲和孩子不和，把涂了毒药的剑交给谋杀者，如交给士兵的数量一样多。金钱是从我们的血液中蒸馏出来的。为了钱，丈夫和妻子在夜里争吵不休，成群结队涌向地方法官的法庭，国王烧杀抢掠，摧毁那些花好多年才辛苦建起的城市，只为从灰烬中找点儿金银。放在角落里的一袋袋金钱是好的，但正是这些东西导致在争斗中有人的眼珠子被挖出来，让法庭里回荡着诉讼的呼声，让来自远方某处的法官们坐在一起，评判谁的贪婪更合理。那个临终的老人会怎样，他没有子嗣，然而他的内心却被撕裂了，不是因为一口袋钱，而是几枚铜板，或者一个奴隶向他索取的一第纳尔[56]？那个病重的债主又会怎样呢，他已经病入膏肓，手脚再也无法用于敛财，但在病痛中仍大声喊叫要求别人把他的钱还回来，仅仅是为了那千分之一的利息？如果你给了我从金属矿山中辛苦开采出来的所有钱，如果你把我们财宝中隐藏的无论什么东西放到我面前，我不认为这东西对得住一个好人皱眉的脸。[57]让我们掉泪的东西中本应该包含多少欢笑啊！

（3.34）现在，让我们来看看别的小事：食物，饮水，以及人们为求得这些而在工作中表现的优雅；无礼的话；不够尊重的姿态；顽固的驮兽和拖拖拉拉的奴隶；怀疑和对他人话语的阴暗解读，使得人类的语言天赋变成了大自然的诸多伤害之一。相信我,这些事情并不严重,尽管我们会为此激烈争吵。正是这些事情让男孩子们打架斗殴。我们为此汲汲营营,然而这些事本不值一提。因此我才会说愤怒是一种疯狂:你为毫无价值的事情标了太高的价格。

(3.36)我们的所有感官都必须恢复到稳定的状态。它们天生具有弹性,如果我们的心灵——我们每天都要对其进行反思——停止破坏它们的话。塞克斯图斯[58]常常这样做,当一天结束,当他晚上准备休息时,他都会自问:"你今天治愈了哪些伤害?你克服了什么缺点?你在哪些方面做得更好?"如果愤怒知道自己每天都要接受这样的评判,它就会减弱而且变得温和。还有什么能比这种方法更好地甩掉一整天的杂念?这样自省吾身后随之而来的是怎样的睡眠啊:平静、深沉、祥和——在心灵被赞美或责备之后，在自我的观察者和隐形的评判者检视了个人的品质之后！我也采用了这种方式。每天，我都会在自己的庭堂中做反思。当天光渐渐暗淡，我的妻子知道我这个习惯，她就会保持安静，[59]我变成了一个检察官，重新审视自己的一天，我的行为和话语；我对自己无所隐瞒，什么都不遗漏。我的错误没有理由让我恐惧，我会对自己说："你以后不要再犯这样的错误了，但这次我原谅你。你在那场争论中说话太杀气腾腾，所以从现在开始，别在蠢人身上浪费时间，如果他们至今还没有学会，那就意味着他们根本就不想学！你责备那个家伴没有应有的克制，然而你并没能帮助他改进而是因此触怒了他。下一次，要考虑的不是你所说的事实，而是你说话的对象能否承受这个事实。优秀的人受到责骂会很高兴，但是糟糕的人只会觉得老师很烦。

（3.37）在晚宴上，你觉得被有些人的玩笑及无聊的评论伤害。记住要避免那些粗俗的聚会；那些自称饮酒后感觉更清醒的人不知羞耻。你看见自己的朋友被某个看门人惹恼，只因为在他进门时看门人挡住他的道，然后你自己为那一文不值的看门人而生气。你会为一只拴着的看门狗生气吗？即便一只狗，当它狂吠时，你扔些食物过去，它也会变得驯服。退后，然后一笑了之！

"那家伙以为自己是个人物，就因为他站在被许多人围起来的门口，守护着这些人；这个懒洋洋的家伙开心又幸运，自认为那用来盘问别人的入口是高贵和强大的标志；[60]他没有意识到，监狱的大门是最令人生畏的门。你该想到，在你面前还有好多事情是你不得不忍受的。有人会在冬天因寒冷而吃惊吗？会因为在海上晕船而吃惊吗？

或是在城市的大街上被人撞到而吃惊吗？你对那些事情已经早有准备。由于被安排在晚宴餐桌的下位，于是你开始对其他客人、对主人、对那个被安排在上位的人发怒。那是疯子！被安排坐在桌子的哪个位置吃饭有什么关系？一个坐垫就能让你更尊贵或更低贱？某人说你缺乏天赋，你就给他脸色看，这就是你所接受的规则吗？"[61]

（3.38）你受到了侮辱。这当然并没有第欧根尼遭受的侮辱更大了，这位斯多葛学派哲学家，[62]当他正在发表关于愤怒的演说时，一个无知的年轻人朝他吐口水。他以和善而智慧的幽默忍住了。"我不生气，"他说，"但我不确定我是不是应该生气。"

在文章的结尾处，塞涅卡转向了一个毫不相干的主题，即死亡的迫切。

（3.42）让我们改掉愤怒之恶；让我们洁净心灵，拔掉那些可能从任何残片中复生的根系。让我们不仅要抑制愤怒，而且要将它全部清除——当我们面对邪恶时，又有什么能够控制呢？我们有能力做到这一点，只要我们愿意努力。

没有什么比思考死亡更能帮助我们了。让我们每个人都告诉彼此也告诉自己："整天抱怨并浪费我们短暂的人生有什么乐趣可言？将本该用于享受快乐的时光用于忍受别人的痛苦和折磨，这又有何乐趣？我们没那么多闲暇去浪费。为什么要急着打架？为什么把自己卷入争吵？为什么要背负巨大的仇恨，忘了自身的脆弱，却还要去伤害他人？不久，发烧或其他身体疾病就会来制止我们心里放不下的敌意；不久，死亡就会来终结最激烈的斗争。为什么要闹成这样，像叛变者那样，把自己的生活弄得乱七八糟呢？命运悬于头顶，计算着我们即将死去的日子，越来越近。你为别人计划的死亡的时间，或许正好适合你自己。

（3.34）为什么不把这短暂的一生珍藏起来，让自己也让别人平静地度过？为什么不在活着时得到所有人的爱，在死后得到他们的满怀悼念？为什么要打倒那个对你太傲慢的人？为什么要尽心竭力消灭那个谩骂你的人——一个卑贱的家伙，受人轻视，然而总是爱招惹挑衅比他好的人？为什么你要对一个奴隶、一个主人、一个国王、一个仆人发火？忍耐一下吧。瞧，死神就在这里，要让你和他们平起平坐。"

我们经常看到早晨竞技场上的一幕，一头公牛和一头熊被绑在一起的战斗；在它们猛击对方之后，等待它们的是刽子手。我们也一样。我们猛烈攻击和自己密切相关的人，而事实上，结局——一直以来——既笼罩着胜利者也笼罩着失败者。让我们在所剩无几的时间里保持安静而平和。不要让人在棺材旁憎恨我们的尸体。

通常，来自附近房子里的一声"着火了"就能结束一场争论，或者一头野兽的到来也会赶跑窃贼和土匪。当更大的恐惧出现时，就没有时间为了小事争吵。在斗争和背叛中我们能看到什么？当然，除了希望那个让你愤怒的人去死之外没别的了——而他会死的，即使你什么也不做。你想引发必然会发生的事，就是浪费功夫……但你是否考虑过终极惩罚，或者更多宽容，无论对于受到惩罚、折磨的他，还是从施罚中获得恶劣快感的你，时日都不多了。

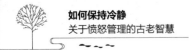

很快,我们将咽下最后一口气。在那一刻,当我们还在呼吸,当我们还在人世间,让我们珍惜我们的人性。让我们不要成为任何人恐惧或危险的来源;让我们不屑于损坏、伤害、凌辱和嘲弄;让我们容忍小小的不快。正如他们所说,当我们回首身后,死亡就站在那里。

注释 Notes

1. 据韵律与措辞判断,此引语应当出自一部亡佚的悲剧。

2. 此处似指对战俘的奴役,但也可能暗示朱里亚-克劳狄(Julio-Claudian)时期皇帝们执行的没收财产的事情。

3. 塞涅卡在此想象被兵、火围困的场景。

4. 指一般意义上的刑罚,这是罗马帝国一种常见的死刑。基督被钉十字架仅发生在塞涅卡写《论愤怒》之前大约十年,但基督教在当时的罗马尚且几不为人知。

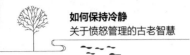

5. 此处以及整本书中，凡段落开始处章节数的跳跃，皆表明某些章节被删略。另外，一段文字之中若有脱漏，也同样表明此处有删节，比如下面的1.12。

6. "宿主"（拉丁文词意更近于"舵手"）在此指理性，从下文中清晰可见。理性一词首字母大写，塞涅卡为的是向他的同僚强调其重要性。他和斯多葛学派其他先哲皆视理性为人性中神圣的部分，由支配宇宙的最高理性所赐。

7. 塞涅卡的文章不时会插入一段对话，因为需要引出一些匿名发言者，就像这里，其用意在于打断、挑战或反驳主流声音。

8. 后面的拉丁文句子从这段引文中被删略，其内容包含了强烈的性别偏见：塞涅卡指出他描绘的此类精神溃败常见于女人。删除这个句子有为塞涅卡的性别歧视洗白的嫌疑，或者说为一般意义上的罗马作家避讳，他们都是强势的、只对男性致辞的男性作家。在上下文中，编者感到应当强调斯多葛学派本质上的普世性，应当把塞涅卡自己的建议付诸实践："你的一切见闻不只是为了你自己"（后文3.11）。基于同样的原因，在和想象的读者或例证讨论时，塞涅卡的男性单数人称也常被转换成无性别的复数。然而，在包含了此人称的下一句中将会指出，塞涅卡将他自己当作了罗马人的道德典范，这一做法贯穿他全部的行文中。

9. *irrogata*，麦德维格（Madvig）校订。

10. 此句出自早期一部罗马悲剧，据称被皇帝卡利古拉引用，他梦魇般的统治就在《论愤怒》完成前仅仅数年。就在下文，卡利古拉被明确指出来（尽管塞涅卡叫的是他的真名"盖乌斯·恺撒";此处用的是他更为人熟知的绰号)。

11. 这句引语在历史学家李维现存的著作中找不到。

12. 这句话是阿贾克斯对奥德修斯说的,当时二人正为争夺阿喀琉斯的盔甲而争执。《伊利亚特》23.724(塞涅卡引自希腊文)。

13. 卡利古拉于公元后41年被元老院和禁卫军合谋暗杀。

14. 古罗马精英们有时会在屋顶种树。

15. 在塞涅卡时代的行政体系中,由元老院选出的地方总督被委任管辖帝国广袤的疆土。

16. 此处可能指守卫国王后宫的太监。

17. 这段老套的逸闻可能是塞涅卡的杜撰，我们从未在别处听说柏拉图抚养过他人的孩子。

18. 这个隐喻来自法庭，意思相当于"我们必须充分相信我们的敌人"。

19. 富裕人家会请人到山上取雪回来，用于制作冰镇饮料。

20. 这里指清白无辜在法律上的定义。

21. 一个有趣的、也许是自我揭示的例子；塞涅卡似乎在暗示如果出于进步的需要，对他人的不公就可以被原谅。

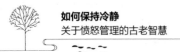

22. 此处用到了一个类比，即银币不用就会暗淡无光。

23. 塞涅卡分享了当时的观点，认为女性的道德选择能力较差。"她是个女人"这句话也可以理解为"她是你的妻子"。

24. 塞涅卡在此处的观点和他在2.33及后面的3.15两小节中明显的抱怨态度一致，也和他在尼禄法庭上的表现一致。

25. 意思就是，即使现在放过他，他日后也一定会栽跟头并受到惩罚。从这样的安慰可见，塞涅卡从道德哲学岔到更缺乏想象力的路上去了。

26. 实施不公的人对自己的伤害要大于对别人的伤害，这个观点是当时几大哲学流派的共识。

27. 昆塔斯·费比乌斯·马克西姆斯（Quintus Fabius Maximus），公元前三世纪罗马将军，因在抵抗意大利名将汉尼拔（Hannibal）入侵战争中采用迂回战略而闻名于世。

28. *praemeditatio malorum* 是斯多葛学派的实践方法，即在隐患到来之前就通过想象为之绸缪，是塞涅卡经常给出的建议之一。

29. 一种在公牛背上翻筋斗的杂技，在古代艺术中经常被描绘，或在其他地方被提及。

30. 塞涅卡后面以长文讨论得到与付出，*De Beneficiis*(《论利益》)深入探讨掌控交换

的道德编码。

31. Marcus Cato，公元一世纪斯多葛学派的实践者和元老院元老，塞涅卡对他十分推崇，常常视他为自苏格拉底之后最明智和高尚的男人。

32. 卡利古拉，作为一个打扮入时的年轻人，据称他怨恨所有那些比他更漂亮、衣着更光鲜的人。

33. 这里的语气有无可奈何的讽刺。塞涅卡自己显然因口才引起了卡利古拉的妒忌，差点儿也被处死。

34. 在苏拉的军队统治罗马期间，即公元前80年代，反对他的人被列入一份叫作"公敌宣告"的黑名单被全部清洗，而受害者的孩子们也被剥夺了公民权。

35. 此处的基本参照是高卢人,他们曾经激烈地反抗罗马统治,但是后来被平定并成为罗马公民;通过赋予公民身份对其进行收编的类似策略也用于别的地方。

36. 早些时候,在他文章的开篇,塞涅卡也对愤怒引起的身体变化有过漫画式的描写。

37. 这里可能是指复仇女神⊖或者迪赖⊜,作为人类不和之源头在神话中被描绘过的地狱女神。

⊖ Furies,在希腊神话中指"愤怒的人",后被用作复仇女神三姐妹(不安女神、妒嫉女神、报仇女神)的总称。——译者注

⊜ Dirae,罗马神话中的复仇女神。——译者注

38. 下面的第一条引语无法完全识别，尽管它肯定出自一首史诗。第二条被发现于古罗马史诗《埃涅阿斯纪》（Aeneid）㊀ 8.702小节，是史诗中众多短文之一，其中维吉尔（Vergil）想象地狱的力量搅起了人类的冲突。

39. 塞克斯图斯是公元前一世纪罗马的一位斯多葛学派哲学家。

40. 特洛伊战争神话中，在为了争夺阿喀琉斯（见注释12）的盔甲而比赛时，因为有人使用了不正当手段，阿贾克斯败给了奥德修斯。他于是暴怒，计划刺杀那些密谋欺骗的人，但是奥德修斯的保护神雅典娜使他突然变得疯狂，以致他杀

㊀ 维吉尔的传世之作，取材于古罗马神话传说，被称为罗马帝国的"史记"。——译者注

死了一群牲畜。当恢复了理智之后，万分羞愧的他选择了自杀。

41. 德谟克利特，公元前五世纪的一位希腊哲学家，他最著名的理论就是所有物质都是由原子构成。

42. 马尔库斯·凯利乌斯·鲁弗斯（Marcus Caelius Rufus）早于塞涅卡一个世纪，与西塞罗⊖是同时代人，也是西塞罗的演讲 *Pro Caelio* 的主题。

43. 当人们从商业和公共事务中解脱出来，其益处是塞涅卡的《论闲暇》（*De Otium*）之中常见的主题。

⊖ Cicero，古罗马著名政治家、演说家、雄辩家、法学家和哲学家。——译者注

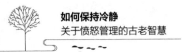

44. 很重要的一点，塞涅卡承认，即使最好的品性也会感觉到愤怒的第一阵骚动。如何对这些骚动做出反应是关键。

45. 此处指癫痫症。塞涅卡实际上叫它"癫痫缺陷"（*Comitialis vitium*）或者"议员疾病"（the assemblyman's disease），因为它常出现在议员免职的集会上。

46. 冈比西斯（Cambyses），居鲁士（Cyrus）大帝的儿子，在公元前六世纪晚期统治波斯帝国。塞涅卡讲的这个故事来自希罗多德（Herodotus）《历史》（*Histories*）系列的第三本书。

47. 在塞涅卡现存的著作中没有发现他很好地兑现这个承诺。此处他对于普勒克萨斯佩斯毫无抵抗的做法感到痛苦，这与前面2.33一节形成对照。塞涅卡在那里赞扬了帕斯特接受自己儿子被杀的类似情况。也许面对这种两难困境，他也没有解决的办法，那也是他夹在卡利古拉与尼禄之间的处境。

48. 公元前六世纪米底（Median）王国的一位高级长官，也是国王阿斯提阿格斯（Astyages）的仆人。和上一个故事一样，这个故事也出自希罗多德的《历史》。哈尔帕格曾秘密保护过一个国王下令杀死的婴儿，由此触怒了他。那场用来惩罚哈尔帕格的人肉宴，和他后来创作的悲剧《梯厄斯忒斯》（*Thyestes*）极为相似。

49. 在这个令人发指的段落后面，还有一个更可怕的段落，此处省略。塞涅卡在那

一段里面为服务于暴君的人推荐了自杀的办法。被动接受不是他对独裁问题的全部解决方案,尽管这和他压抑愤怒的主张一致。

50. 如果我们对《论愤怒》的写作日期推算准确的话,这段插曲——未经其他证明——大约发生于塞涅卡写这本书十年前。

51. 塞涅卡好像希望他的读者熟悉这个背景。卡利古拉的母亲阿格里皮娜长者,奥古斯图斯的孙女。

52. Rhinocolura 在希腊语中意为"断鼻",这个很特别的名字大约就是起源于塞涅卡讲的这个故事;没有其他来源给出有关波斯国王(也许是冈比西斯?)或者据说受到他惩罚的叙利亚人的任何信息。

53. 公元前四世纪,在亚历山大大帝死后的一系列战争中,这位杰出的马其顿领袖夺取了王权。

54. 塞涅卡给出的关于耐心与心灵平静的轶事,远远没有关于愤怒和残忍的故事更引人注目,这本书已经省略了很多。

55. 参见注释24。

56. 第纳尔(Denarius)是罗马帝国通行的货币。在塞涅卡的时代,一个步兵每周的津贴大约是4.5第纳尔。

57. 当一个人认为积极放贷就能增加他的巨

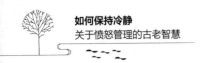

大财富时，塞涅卡对这种空虚的财富链表示出鄙夷。

58. 参见注释39。

59. 塞涅卡在他所有的写作中都极少提及他的家庭。他在后来的文章中提到的妻子是一个叫宝琳娜（Paulina）的贵族女子，比他本人年轻很多，但他可能结过不止一次婚。

60. 罗马的监护人系统是指那些有钱有势的人，他们有能力帮助他人，因此在他们的门外总是有很多人排着长队寻求帮助。

61. 塞涅卡自言自语的这段话指向不太清楚，从3.36开始到这里，以一种对罗马读者更为普遍性的发言结束。到最后，我们不再清楚地听到塞涅卡对自己说话，而是换成了对公众发言。

62. 不是那位著名的第欧根尼（Diogenes），那个犬儒主义者，而是巴比伦（Babylon）的第欧根尼，公元前二世纪引领斯多葛学派的哲人。和本书中许多奇闻轶事一样，这个故事也没有佐证。